AF339957

NÉCESSITÉ

DES

PARTIS POLITIQUES,

SOUS

UN RÉGIME CONSTITUTIONNEL.

Par L. HUBERT,

Auteur du Traité sur la *Répression de la Licence dans les Écrits, les Emblêmes et les Paroles.*

Premier Cahier.

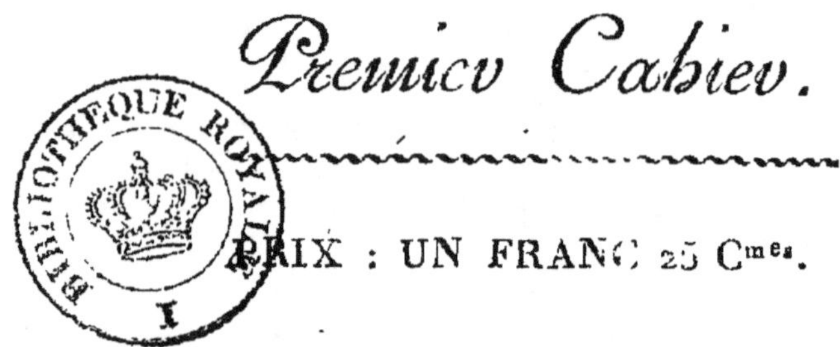

PRIX : UN FRANC 25 C^{mes}.

A PARIS,

Chez les Marchands de Nouveautés.

1817.

Le nombre des Souscripteurs déterminera la publica-
tion des autres Cahiers.

On souscrit par une simple demande (franc de port)
chez l'Auteur, faubourg Saint-Martin, N°. 130.

NÉCESSITÉ

DES

PARTIS POLITIQUES,

SOUS

UN RÉGIME CONSTITUTIONNEL.

Par L. HUBERT,

Auteur du Traité sur la *Répression de la Licence dans les Écrits, les Emblémes et les Paroles.*

A PARIS,

Chez l'Auteur, faubourg Saint-Martin, N°. 130.

1817.

DE L'IMPRIMERIE DE C.-F. PATRIS, rue de la Colombe, n° 4, quai de la Cité.

PRÉFACE.

J'ai considéré l'un des points de vue d'un état de société, où le monarque, spectateur impassible du mouvement des partis, discernait l'opinion éclairée, au milieu de l'incohérence des passions, et souscrivait à ses vœux dictés par la raison.

Régulateur suprême, Source du bien, Puissance immuable, ce Roi, du haut de son trône, voyait avec le calme de la sagesse les rivalités d'intérêt concourir par des rapports nécessaires à la prospérité publique. Le glaive dont sa main était armée, défendait les lois fondamentales auxquelles sa puissance se trouvait liée, et comme ces lois réclamaient toute sa sollicitude, il demeurait étranger aux agitations qui ne menaçaient pas directement ce principe d'ordre éternel. S'il était descendu dans l'arène, s'il avait partagé l'erreur commune aux partis; alors la majesté eût été profanée, le titre sacré aurait cessé d'être l'objet d'une intime vénération.

Ce spectacle d'un Roi pénétré du juste sentiment de sa dignité m'a fait naître l'idée de tracer la théorie des Partis. Si je me suis égaré, l'illusion sera mon excuse : j'imaginais un Prince goûtant paisiblement les charmes de la puissance en régnant sur des sujets, riches par leur industrie, grands par l'élévation de leurs idées, et heureux par la jouissance de leurs droits.

J'espère qu'une fausse intelligence de cette maxime « *C'est par l'affluence des* » *lumières qu'un peuple échappe à l'er-* » *reur* » ne m'aura pas fait oublier les préceptes de la modération que mon désir était de propager par l'exemple.

INTRODUCTION.

Après de longs orages, nous avons des Droits écrits.

Long-temps soumis aux caprices des hommes, nous ne pouvons encore apprécier les avantages du régime constitutionnel qu'en considérant la splendeur de l'Angleterre : mais connaissons-nous du moins les éléments dont se compose un pacte social ? Sommes-nous pénétrés de la véritable acception des mots, devoir, loi, patrie, liberté, opinion, parti, autorité, bonheur civil ? Bientôt ces questions, adressées à un Français, seront une insulte : aujourd'hui elles sont provoquées par le souvenir des sophismes forgés pendant le cours de notre révolution, pour obtenir d'un peuple généreux les sacrifices auxquels était condamné l'esclave gladiateur. Le *Devoir*, signifiait obéissance passive ; la *Loi*, la volonté du maître ; la *Patrie*, le poteau où était scellée la chaîne ; la *Liberté*, la faculté d'agir par une impulsion étrangère ; l'*Opinion*, le droit d'applaudir au carnage ; un *Parti*, des murmures séditieux ; l'*Autorité*, le pouvoir arbitraire ; et le *Bonheur civil* consistait presqu'en entier dans l'espérance d'un regard approbateur !

Ils sont passés, ces jours flétrissants ; mais les maximes de la tyrannie, les fausses notions, sont-elles remplacées par des idées justes et généreuses ? En exceptant ceux qui rappellent avec complaisance le vernis éclatant dont la chaîne était colorée, et qui reprennent avec regret l'espoir de mourir au sein du bonheur domestique, voit-on sur les fronts cette hilarité que doit produire le règne des lois ?

Un sentiment né de l'amour du repos , porte sans doute le plus grand nombre à accueillir un État de société qui détermine irrévocablement le droit de sécurité , de liberté et de propriété ; mais ceux-là même ne redoutent-ils pas encore l'arbitraire, ne craignent-ils pas de nouvelles transgressions, n'jettent-ils pas sur l'administration des affaires publiques, un regard d'inquiétude nuisible à l'intérêt commun?

De douloureux souvenirs , le fardeau d'un tribut, des ravages à réparer , et cette armée d'étrangers qui borde nos frontières , ont dissipé le fatal égarement qui nous portait à livrer nos destinées au prétendu génie d'un seul. Détrompés par des revers subits , sur l'infaillibilité humaine et sur la puissance réelle d'une nation , le doute ombrageux a remplacé la confiance aveugle , et peut-être serons-nous quelque temps avant de recouvrer ce calme qui repousse également l'aversion et l'engouement, pour n'écouter que la justice. Cette situation est celle d'un malade long-temps tourmenté par des empiriques ; il épie le ton , le geste, les paroles du savant médecin qui s'approche pour le soulager , et l'inquiétude renaît au moindre trait capable de lui rappeler les charlatans qui l'ont exténué.

Nos plaies saignent, nos cœurs sont flétris, le chagrin nous aigrit : dans cet état de souffrance, si nous réclamons, à juste titre, les égards dûs au courage malheureux, avouons en même temps que nous sommes aujourd'hui un peuple difficile à gouverner. Témoins insensibles des mesures prudentes qui raniment l'espoir en donnant la tranquillité, nous accusons sans cesse ceux dont les soins attentifs préparent une guérison que le temps et la liberté peuvent seuls achever.

Ils méritent pourtant de la reconnaissance, ceux qui, entraînés par un noble dévoucment, se placent entre des partis, écartent leurs coups, et les ménagent également. Aucun de ces partis ne reconnaît l'intention de lui épargner de nouvelles blessures ; tous prétendent que le médiateur leur a soustrait une victoire assurée, et alors comment faire entendre à des gens qui depuis plus d'un quart de siècle ont l'habitude d'exterminer tout ce qui leur résiste, que l'existence de partis rivaux est nécessaire dans l'ordre social ? que, malgré la différence des bannières, tous sont les enfants d'une même patrie, et que s'il leur est permis de ne pas s'aimer comme individus, et même de se détester comme partis, ils doivent se supporter comme compatriotes ?

Des vérités aussi simples n'ont aucun empire sur des fous que le délire rend sourds au cris de la raison ; ils ne voyent que d'obstacle opposé à leur fureur, et c'est contre cet obstacle salutaire qu'ils s'irritent avec un accord qui fait craindre que la barrière ne cède à leurs efforts réunis. Mais la durée de ce paroxisme ne peut être éternelle ; les plus âgés, les plus opiniâtres meurent, les autres s'accoutumeront à la tolérance, et la patrie devenue vigoureuse par l'union civile de ses enfants, honorera le nom du médiateur qui aura sacrifié son repos et des acclamations passagères au bonheur des générations futures.

Pour préparer cet avenir, quelques volontés sont sans doute essentielles, mais elles ne peuvent le réaliser. Pour rendre la France *puissante* et *heureuse*, les meilleures intentions, la sagacité, l'énergie, l'activité, le courage,

la naissance, n'offrent pas plus de garantie que les procla-
mations de l'étranger lorsqu'il envahissait notre territoire.
Rien ne peut suppléer à la liberté légale, à ce véhicule
étonnant qui, en insinuant dans tous les cœurs un sentiment généreux, produit, à la fois, la sagesse, la force et
la splendeur.

L'expérience a prouvé que l'exaltation populaire, la force
militaire, les liaisons politiques et les grands talents, n'é-
taient qu'une puissance éphémère. Nos yeux ont vu la
frénésie se calmer, de grandes armées se dissoudre, les
alliances se rompre, et les efforts de l'esprit devenir insuf-
fisants pour conjurer l'orage : tout ce qui appartenait à
l'homme, considéré dans l'action spontanée, a participé
de la fragilité de sa nature, tandis que l'essor donné à l'intelligence par quelques institutions généreuses, survit à
nos désastres et promet de les réparer.

Tout ce qui constitue le bonheur d'un peuple civilisé,
tous les avantages de l'aggrégation, se trouvent là où les
les facultés sont dégagées d'entraves : là seulement le bien
commun s'accroît par le concours des volontés. L'Admi-
nistrateur est trop affaissé sous le poids d'un objet parti-
culier à son époque, pour s'occuper d'améliorations par-
tielles : c'est la liberté d'action et de discussion qui développe
les moyens, lie les intérêts, corrige les abus, épure les
doctrines, perfectionne les systèmes, franchit l'espace, et
réunit les matériaux épars. La folle présomption peut seule
se substituer à cette source vivifiante; elle ne distingue pas
que le cerveau qu'elle domine se dessèche sur une intrigue,
tandis que les conceptions d'un million d'hommes s'ab-

sorbent, que l'erreur s'invétère, que la routine étouffe le génie, et que le temps se consume en vœux stériles.

Sully répara les maux causés par la ligue; Richelieu abbatit cette puissance de parenté qui s'élevait à côté du trône; Mazarin éluda avec adresse les prétentions des grands; vous aussi, Colbert, et tant d'autres, vous êtes connus dans l'histoire par vos vertus ou par vos talents; mais c'est dans l'histoire qu'il faut chercher vos noms illustres; aucun d'eux ne se rattache à une cause absolue de prospérité nationale telle qu'est la liberté.

Il faut entendre ici la liberté civile légalement circonscrite. Partout où elle s'établit, les *Écrits* et les *Partis* l'accompagnent, et c'est par leur action, à couvert des volontés arbitraires, qu'elle peut subsister.

Le zèle des nombreux défenseurs de la liberté de la presse a enfin obtenu qu'elle devînt un droit explicite; mais les Partis sont encore redoutés, parce qu'on ne connaît pas leur singulière action sur eux-mêmes, lorsqu'ils sont tous également protégés et contenus par les lois. On leur suppose une direction naturelle vers la subversion, et au contraire c'est par eux seuls, s'ils sont tous libres, que se corrigent les abus qui minent la base de l'édifice social; on imagine qu'ils fomentent la rébellion et conjurent le renversement de l'ordre constitué, tandis que leur zèle, plus puissant que l'autorité légale, déconcerte les projets de l'agitateur.

Ces fausses impressions rendent aujourd'hui les partis dangereux, seulement parce qu'ils n'agissent pas librement; ils se concertent à voix basse, ils s'attaquent sourdement, ils se chargent d'odieuses imputations ; et ainsi la haine se fonde, l'irritation comprimée produit desidées de vengeance, et il est possible que d'affreux projets se méditent à l'ombre de la dissimulation. Ces menées ténébreuses ne peuvent convenir plus long-temps à des hommes dont le premier sentiment est l'amour de la patrie : s'ils ne sont pas des factieux ; s'ils ne veulent que le bien, pourquoi n'auraient-ils pas une marche ouverte, une contenance assurée ? pourquoi n'exprimeraient-ils pas leurs motifs loyalement et hautement ? pourquoi sembleraient-ils redouter la surveillance légale ? pourquoi n'intéresseraient-ils pas l'opinion publique à leurs efforts en faveur de l'intérêt commun ?

C'est afin de provoquer la franchise des partis ; afin d'éclairer l'opinion publique sur les vues de ceux qui recherchent ses suffrages ; afin d'empêcher qu'aucune défiance suscitée par la perfidie ne nuise à l'action du Gouvernement ; et c'est aussi afin de ramener à leur vrai sens des définitions devenues inexactes, que j'écris sur la nécessité des Partis politiques sous un régime constitutionnel. Si ce premier cahier est accueilli du public, j'en publierai successivement cinq autres sur les caractères particuliers à chaque parti.

NÉCESSITÉ
DES PARTIS POLITIQUES,
SOUS UN RÉGIME CONSTITUTIONNEL.

DES PARTIS EN GÉNÉRAL.

Un *Parti* est une réunion d'hommes agissant avec le dessein de faire prévaloir la même opinion.

En matières politiques, l'action d'un parti peut être ou légale ou criminelle.

L'action est criminelle lorsqu'elle tend à renverser les institutions établies : elle est légale lorsqu'elle tend à perfectionner ces institutions suivant les formes indiquées par les lois.

La dénomination de *parti*, lorsque l'action est légale, se change en celle de *faction*, lorsque l'action est criminelle.

Les partis se forment au nom de la justice. Sous le pouvoir absolu, le dessein avoué est de recouvrer l'égale jouissance des droits civils; sous un régime constitutionnel, l'objet apparent est de s'opposer aux actes arbitraires, à l'usurpation de pouvoir, à la subversion de l'ordre constitué.

Partout ou une autorité déléguée par le peuple contribue à la composition des lois ; partout où l'opinion est considérée comme moteur nécessaire dans la marche d'une nation, chez laquelle il existe équilibre de pouvoirs, le devoir du citoyen est de connaître les intérêts politiques de sa patrie, afin d'apprécier toutes les mesures qui peuvent entretenir, améliorer ou détruire l'ordre établi par les lois fondamentales. Lorsqu'il a rempli ce devoir, lorsqu'il est capable de raisonner pertinemment sur les affaires publiques, il doit faire usage du droit d'exprimer une opinion franche sur les matières qui intéressent la société dont il fait partie. En éclairant son esprit par la discussion, s'il distingue qu'une mesure honnête et légale peut être utile à l'intérêt commun, il est engagé par devoir, et autorisé par droit, à déclarer hautement sa pensée, dans quelque situation que le sort, la fortune ou ses talents l'ayent placé. Aucun autre engagement n'est plus légitime, plus sacré que le devoir du citoyen : tout intérêt opposé à ce devoir, s'il est écouté, s'il porte à dissimuler ce qui semble juste et utile, est incompatible avec les qualités qui caractérisent le citoyen.

Cette expression sincère de la pensée forme, par la communication, un concours d'opinions qui éclaire le législateur, règle l'action du gouvernement, corrige l'abus et produit le bien : c'est alors qu'en supposant l'indépendance morale, l'opinion est une puissance, ou plutôt qu'elle est la seule puissancé, puisqu'elle comprend un accord de volontés soumises à la raison.

Tel est le parfait idéal dont la chimère est loin de se réaliser dans la pratique. Des besoins factices, des intérêts déréglés, des passions à assouvir, pervertissent l'esprit, propagent la corruption et répandent le désordre. La pusillanimité, l'égoïsme, l'ambition, l'orgueil, la cupidité, la mollesse, relâchent ou brisent les liens sociaux, font oublier, dédaigner, mépriser les devoirs du citoyen, et les plus nobles droits n'ont souvent d'autre usage que d'être invoqués pour soutenir l'infamie, protéger le vice et légitimer le crime.

C'est afin d'opposer une digue à ces déplorables excès et pour empêcher qu'ils n'ébranlent ou ne détruisent l'organisation sociale; c'est pour éclairer l'individu sur ses intérêts politiques qu'il lui importe encore de défendre, même en cessant de mériter le bonheur civil, que se forment les partis; c'est-à-dire, que des hommes professant la même opinion, se réunissent pour concourir au soutien de l'édifice social, suivant certaine méthode fondée sur des conjectures plus ou moins raisonnables.

Il est incontestable que rien n'est honteux dans la formation, et l'existence d'un parti ayant pour but le maintien et l'amélioration de l'ordre

constitué, la conscience la plus timorée ne peut
éprouver aucune répugnance à aider au moins
de son suffrage, un parti agissant moralement
pour faire prévaloir certain système fondé sur
le principe consacré par une volonté suprême.
Des scrupules, des craintes, pourraient faire
hésiter à se déclarer pour tel ou tel compétiteur
à la souveraine puissance; mais lorsque l'igno-
minie ou le danger d'être satellite ou soldat
n'existent pas, lorsqu'une forme de gouvernement est établie, et qu'il n'est seulement question
que de conserver, en cherchant à améliorer,
aucun homme ne peut alléguer un motif raison-
nable pour s'abstenir de louer ou de blâmer une
mesure qui l'intéresse sous quelques rapports.
D'ailleurs on n'appartient pas à un parti par le
seul rapport d'opinion, il faut encore qu'il y
ait rapport d'action. Un individu peut avoir une
opinion semblable à celle adoptée par un parti,
sans néanmoins participer à ses actions : cet
individu se borne à faire des vœux sans agir,
tandis que le parti travaille à réaliser les siens.
Jamais l'opinion simple n'est dangereuse pour
l'état, et conséquemment pour celui qui l'émet,
s'il existe liberté légale ; l'action seule peut
le devenir.

En Angleterre chaque individu exprime fran-
chement son opinion, sans s'inquiéter des dé-

lations d'une police secrète dénuée de force coercitive. Il sait que des soupçons, des préventions, des ressentiments, ne peuvent le priver de la jouissance de sa liberté ; il sait qu'il ne doit compte de sa conduite qu'à un tribunal, à un jury, autorisé par une accusation formelle, à l'interpeller sur un délit prévu par la loi ; il sait que la simple opinion sur une mesure d'intérêt public n'est pas classée parmi les délits répréhensibles ; il sait que la haine d'un ministre, d'un agent quelconque, d'un homme, ne pourra prévaloir au point d'intervertir les règles de la justice, pour le rendre criminel aux yeux d'un jury, d'un public, intéressé à ne pas caresser des passions dont le dérèglement menace toute la communauté.

L'Anglais distingué par son mérite ou sa fortune va plus loin, il se fait un honneur et un devoir d'être attaché à un parti dans le caractère ostensible qu'il déploie ; il ne rougit pas d'avoir applaudi à l'opinion de Castlereagh, Grey, Wilberforce ou Whaithman, quel que soit l'odieux attaché à cette opinion par les partis opposés : c'est l'opinion textuelle et clairement exprimée, que l'honnête Anglais adopte avec candeur, et il rejette toute participation à l'intention, la tendance, le but factieux que le parti contraire attribue à l'orateur dont les principes ont obtenu son approbation. Sa généreuse sollicitude pour le bonheur de sa patrie ne se borne pas à de vains applaudissements, à des vœux stériles : il propage avec ardeur la doctrine de celui qu'il appelle, dès-lors, son ami, et il emploie ses efforts, son crédit, son argent, pour placer cet ami dans une situation où ses vues, son zèle et ses talents se développeront avec le plus d'avantage pour l'intérêt commun.

Tous les Anglais font cette distinction : la constitution qui comprend le prince, les lois, les droits individuels, la liberté publique, la patrie, est le point central, le point de convergence, le point d'union générale. Pour la défense de ce point suprême, il n'est pas de parti, pas de dissidence, puisque c'est le vœu, l'objet, le cri de tous. C'est en étendant le cercle que la divergence s'établit ; chacun produit des moyens pour conserver la pureté de l'arche sainte ; ces moyens forment un corps de doctrine dont les principes attachés au *sanctus sanctorum*, s'étendent par la chaîne des conséquences jusque dans le vague des abstractions ; et ces diverses doctrines, qui se subdivisent encore dans leur progression vers une circonférence sans bornes, sont expliquées, propagées, soutenues par le zèle ardent d'un certain nombre de sectateurs, dont l'union active s'appelle *parti*. En rompant

la chaîne qui lie un parti à la constitution, on ne
trouve plus qu'une faction ennemie de l'ordre,
ennemie de la patrie ; mais si ce parti tient à
un des chaînons, s'il respecte les lois, les
formes établies, les convenances usitées, on
juge impolitique, injuste et illégal de le per-
sécuter, de le proscrire, parce que toute la
perspicacité humaine, et encore moins de ja-
louses préventions, ne sauraient discerner si le
corollaire qu'il établit ne contient pas réellement les véritables conséquences du principe
primordial.

Il serait à désirer que nous fussions également
pénétrés de cette distinction : les uns cesse-
raient de voir dans tout agent ou partisan du gouvernement un homme nécessairement corrompu ;
les autres ne trouveraient plus dans une simple différence d'opinion, le dessein de créer des dissen-
sions et de détruire l'ordre constitué. Des conseil-
lers d'état, des préfets, des ministres, malgré toute
l'étendue de leur mérite, malgré l'étude, les con-
naissances, la pratique, ne peuvent raisonnable-
ment se persuader qu'ils sont d'infaillibles inter-
prètes de l'esprit de la Charte, et qu'il leur appartient exclusivement de déterminer les moyens les
plus certains de procurer à chacun le bonheur civil
qu'il a droit d'espérer. Le Roi lui-même, qui doit
être une bonne intelligence supérieure, ne ga-

2

rantit que l'excellence du principe ; il pourrait
errer sur l'application , parce que l'application
dépend d'une foule de considérations relatives
qu'il lui est impossible d'apprécier, et même
de connaître. Le brillant orateur, le studieux
publiciste, le philosophe bienveillant, sont peut-
être bien moins aptes à décider que ce qu'ils
trouvent juste, et même que ce qui est juste,
le serait également dans l'ordre distributif. Leur
théorie, fondée sur l'exacte équité et la vrai-
semblance spéculative , est souvent impratica-
ble ; leurs calculs établis sur le positif et le
nécessaire, peuvent être erronés, quoiqu'ap-
plaudis par des hommes qui, dans la gestion de
leurs propres affaires, font la part de l'éventuel
et du superflu ; leurs réflexions piquantes indis-
posent la multitude contre un tribut humiliant,
des traités onéreux ou de pénibles sacrifices ,
et pourtant ces transactions sont peut-être l'ache-
minement à la puissance, à la prospérité nationale. Enfin , de toutes parts l'erreur est possible,
et il est permis de douter, de discuter, d'affirmer
ou de nier : dès-lors, en soutenant avec pureté
de conscience une opinion, un parti, suivant
les formes prescrites par les lois, ou autorisées
par leur silence, on peut se tromper sans être
coupable, on n'a pas à redouter la persécution ,
on sert honorablement sa patrie , on mérite
l'estime des gens de bien.

Vu d'une manière générale, un parti peut se comparer à l'homme : sa nature, le fonds moral, son existence, ne présentent rien de répréhensible ; mais sujet à l'erreur, mu par les accidents, dirigé trop souvent par des passions fougueuses, tous ses actes ne sont pas uniformément réglés par la sagesse. Un parti, un homme, est un composé de bien et de mal dont la justice légale doit limiter le mouvement par des prescriptions, sans suspecter l'intention, ou prévenir l'action.

Il faut qu'un parti puisse agir, exprimer l'opinion qu'il a adoptée, et tendre librement à faire prévaloir légalement ses idées sur le mode d'administration qu'il présume être le plus favorable à l'intérêt commun : alors le produit de l'action sera la conservation du principe, l'intelligence de sa juste application, la prospérité publique, le bonheur civil.

En effet, tous les principes primordiaux convenables à la composition d'un état de société régulier, étant confondus dans la constitution, cet acte fondamental devient le principe commun des diverses opinions adoptées par les partis. Quelle que soit la division sur les conséquences, l'accord sur le principe est la garantie de sa conservation, et une juste application doit naturellement être le produit de la discussion contradictoire sur le mode.

Légalement, et même moralement, la bonne foi doit toujours être supposée dans un parti, comme dans un individu, jusqu'à ce que le contraire soit évident. C'est donc en supposant que la bonne foi préside aux délibérations d'un parti, qu'il est considéré comme nécessaire pour éclairer la discussion sur les affaires publiques. Des réflexions isolées, des idées détachées, des objections individuelles, ont un effet presque nul sur des esprits engoués de l'excellence d'un système, sur l'admirateur d'une conception adroitement présentée, et sur le vulgaire que l'éclat éblouit. L'importance personnelle, la considération attachée au nom, à la fortune, aux talents ; l'influence populaire, la vigueur d'énergie, l'accent de la vertu, sont utiles pour s'opposer avec quelqu'efficacité à des entreprises dictées par l'orgueil, l'ambition, l'extravagance ; mais la puissance de ces qualités est surtout dans leur réunion, dans la résistance concertée, dans l'opposition méthodique, dans la persévérance, l'encouragement, l'émulation, l'appui mutuel. Ainsi constitué, un parti est le flambeau qui dissipe les ombres créées par la duplicité ; il distingue l'insidieux d'une proposition, le vague des conjectures, la fausseté des inductions, la déviation insensible des principes conservateurs, l'illusoire d'un avantage préconisé, la source de ces événements préparés avec art pour légitimer l'abus ; enfin il voit ce qui est imperceptible pour la crédulité imprévoyante, et tout ce que les calculs d'une profonde sagacité peuvent seuls découvrir sous les replis nombreux qui enveloppent les combinaisons politiques.

En supposant à un parti des intentions subversives, d'autres desseins que de prévenir les effets de l'erreur, de la faute, du tort, ou de remédier aux préjudices qui en ont été le résultat ; alors, sans doute, il existe faction, crime : mais alors aussi l'œil du magistrat est ouvert, sa vigilante attention suit la trame obscure ; sa main ferme arrête en même temps les dangers et les fauteurs ; la justice légale frappera sur le coupable aussitôt qu'une accusation formelle et des preuves convaincantes lui seront présentées. Jusque-là tous sont innocents, les intentions sont pures, le soupçon est une injure, la prévention est un tort.

Cependant quoiqu'il soit évident que les partis sont utiles, nécessaires et indispensables sous une forme de gouvernement où le peuple est appelé au pouvoir législatif par députation, il est permis de ne pas recevoir absolument comme preuve du bon esprit qui les anime, leur cri de ralliement, leurs maximes, leurs actes extérieurs. Il serait sans doute injuste de suspecter l'intention, mais il y aurait de l'imbécillité à croire aux

protestations qu'ils débitent, au désintéresse-
ment qu'ils professent. C'est en parlant de répu-
blique que Cromwell marchait au trône; c'est
au nom du roi que Pitt fondait l'oligarchie; c'est
en proclamant les droits de l'homme, que Robes-
pierre violait ceux de l'humanité. Ces faussés
démonstrations ne sont pas exclusivement l'attri-
but du politique; elles ressemblent à celles que
le jongleur de tout état répand avec profusion
devant les gens simples qu'un jargon étudié et
un langage emphatique peuvent séduire. Partout
on trouve des charlatans, mais le simple bon
sens indique des règles générales pour éviter
d'être leur dupe, et le simple bon sens est à la
portée de tous ceux qui préfèrent plutôt en faire
usage, que d'accuser le bateleur auquel ils ont
bénévolement servi de jouet. Ces règles sont de
se défendre de l'engoûment; de considérer dans
un discours le but de l'expression qui nous flatte;
de chercher avec calme où tend cette chaleur
éloquente qui subjugue l'esprit; de résister à
l'entraînement par une sage défiance de son pro-
pre jugement; de s'éclairer par l'examen des
raisons contraires à celles présentées, et surtout
de savoir se pénétrer des réflexions de l'obser-
vateur, du sceptique, et même du détracteur
des idées que le penchant nous porte à adopter.
Jusqu'à ce que l'esprit soit entièrement satisfait,

il n'y a pas de honte à montrer de l'incertitude, de l'hésitation, de la méfiance : le changement, lui-même, ne prouve pas toujours un caractère versatile : la raison, le devoir, doivent être écoutés avant le goût, l'amour-propre et l'obsession. Mais lorsque la conviction a pénétré l'âme, et qu'il est constant qu'une franche loyauté est à l'abri des persécutions, pourquoi n'exprimerait-on pas candidement, hautement, ce qui semble être juste, bon, utile et honnête ? Pourquoi n'aiderait-t-on pas de la voix les hommes généreux qui se concertent, et se dévouent pour l'intérêt commun? Pourquoi consacrerait-on par un silence coupable, par une lâche stupeur, des actes qu'intérieurement on blâme, et on déteste? Pourquoi, en se plaignant sans cesse d'être mal, se tairait-on sur ce que l'on conçoit être bien ?

L'habitude de s'isoler, afin d'éviter les fureurs de l'anarchie, où les coups du despotisme, a suspendu chez nous la noble énergie du citoyen. Long-temps un silence morne, des accents plaintifs, et les murmures de l'indignation, ont été couverts par des cris de carnage ; l'homme souriait amèrement à l'adresse des traits auxquels il servait de but; les enfants de notre belle France n'étaient que des soldats soumis à l'obéissance passive; l'étranger redoutait nos armes en méprisant notre caractère. Alors, Lainé, Flaugergues,

Raynouard ; vos voix étaient impuissantes , nous étions muets, nous étions liés , nous rampions…. L'oubli n'a pu déjà effacer ces exemples, nous pouvons empêcher qu'ils se renouvellent ; il faut seulement avoir le courage de dire avec le sentiment de la conviction, et une assurance calme , « j'approuve » « je blâme ». A ces mots magiques toutes les passions qui causent la ruine des états se renfermeront dans le sein qui les nourrit, et y seront absorbées par la nécessité de se soumettre au vœu de l'opinion éclairée.

Ces simples mots , qui semblent n'être qu'un souffle insignifiant , sont pourtant l'expression de la volonté nationale, la puissance sans laquelle tous les pouvoirs sont nuls, la seule force qui donne aux empires une grandeur réelle. Ces mots représentent la raison unie à la justice et soutenue par la fermeté. L'image de ces mots est dans un homme entouré de sa famille endormie, jetant un regard inquiet sur l'ouverture par laquelle des brigands pénétrent dans sa demeure, portant sa main sur un sabre, et criant d'une voix de tonnerre « arrête »! En continuant l'image, on trouvera les partis dans le chien fidèle dont l'aboiement a éveillé le maître qui reposait sous sa garde ; il s'élance au devant des coups qui menacent celui dont la main le caresse et le nourrit.

Si l'on doutait que les partis se dévouent pour
la cause qu'ils soutiennent, il ne faudrait que
jetter un coup-d'œil sur les événements de notre
révolution, où les partis s'écrasaient successivement. Il est inutile de rechercher quelle était
la nature de la cause pour laquelle ils allaient à
l'échaffaud, il suffit de remarquer qu'ils se dé-
vouaient, qu'ils mouraient. Or, ce sacrifice de
la vie, prouve une passion ardente dont la source
est, sans doute, dans l'intérêt personnel, mais
qui bannit toute idée de supercherie préméditée,
tout soupçon de calculs dictés par la perfidie.
Des égarements coupables, même le crime,
pourront flétrir l'action d'un parti, mais ils ne
seront que l'effet éventuel de l'existence de ce
parti, et non son principe, ou sa cause efficiente.
La cause première, ou l'intention avouée des
mouvements d'un parti, est toujours louable,
sinon absolument dans tous les points qui s'y
rattachent, et dans toutes les idées spéculatives
qu'elle comprend, du moins en ce qui a rapport
à la surveillance sur les autres partis, et à la
discussion sur le mode d'administration. La *cause*
est simplement le but que se propose un agent
qui s'offre volontairement pour servir vos intérêts : il vous dit que l'erreur ou la mauvaise foi
produit le désordre que vous soupçonnez exis-
ter dans vos affaires, il vous assure qu'il va veil-

ler pour vous garantir de toute tromperie, et il place chaque jour sous vos yeux ses remarques, ses conjectures et ses observations. Jusque là certainement rien n'est mauvais, vous ne pouvez qu'agréer ses services ; vous seriez ingrat, si vous le repoussiez, et imprudent si vous refusiez de l'écouter.

Lorsqu'un parti se forme, il prend un étendard, une devise, un nom : c'est l'indication du motif qui le dirige, c'est le but avoué. A en juger par le nom, l'intention est noble, généreuse ; mais l'induction est souvent trompeuse ; dès les premiers pas, dans le mouvement d'action, les principes s'altèrent, les passions individuelles se développent sourdement. Souvent la banière n'est que le voile qui couvre le dessein caché des acteurs, le leurre qui attire la multitude, l'abri sous lequel le partisan travaille pour ses propres intérêts. Des noms augustes, des institutions révérées ; des maximes sages, servent d'autorité, de prétexte au perturbateur : sous cette ombre respectée, il satisfait ses penchants, sa vengeance ; il trouble l'ordre, il sème la haine, il provoque des révolutions.

Donc le nom sous lequel agit un parti, est un signe extérieur sans importance : le parti ne peut être ni bon, ni mauvais, ni odieux, ni agréable, à cause du nom qu'il porte et qui n'est souvent que l'épithète créée par le dépit de ses adversaires. *Capitolinus* était un magnifique surnom qui n'empêcha pas Manlius de conspirer et d'être précipité du haut du Capitole qu'il avait défendu; enfin, le nom le plus méprisable ou le plus révéré, ne caractérise pas plus l'objet d'un parti, que le sobriquet donné par la cour de Louis XIV au prince Eugène, n'exprimait les qualités de ce général.

Ainsi la première impression que doit produire l'idée de parti, est un dévoûment généreux pour l'exécution d'un acte méritoire signalé par une dénomination vague. Il reste à examiner l'esprit qui anime un parti dans le développement de ses moyens d'action.

Tendre à faire prévaloir une opinion, signifie agir avec le dessein de rendre cette opinion dominante; or, si l'opinion domine, les hommes qui la font prévaloir doivent naturellement dominer.

On domine moralement par l'empire d'une vertu éminente, tel que Washington dont les avis étaient accueillis par la vénération de ses concitoyens, après qu'il eut abandonné le pouvoir. On domine par l'exercice de l'autorité légale, en jouissant des prérogatives attachées à la puissance confiée aux organes des lois. Tous les chefs de parti prétendent à dominer moralement, parce qu'en effet, c'est le plus haut point de gloire réelle où l'excellence du mérite puisse atteindre ; mais il faut réunir un si grand nombre de ces qualités qui peut-être sont incompatibles avec l'habileté politique, que très-peu d'hommes, ou presqu'aucun, ne jouissent de cet honneur. Par désespoir d'obtenir la réalité, on finit par se contenter de l'apparence, et souvent alors un cercle de créatures et quelques voix glapissantes forment ce que le besoin de dominer appelle popularité.

Quel que soit le genre de domination le plus honorable, le plus agréable ou le plus recherché, il suffit maintenant de reconnaître d'une manière générale que tous les partis tendent également à dominer.

Un profond sentiment d'amour pour la justice a réuni les membres qui composent un parti, ils se sont généreusement dévoués pour le soutien de cette noble cause, et ils ont hautement avoué leur but par des signes emblématiques imposants, mais la cause, le dévoûment et le signe ne sont que des moyens pour arriver au point virtuel, implicite, essentiel, qui est la domination, car sans domination la cause serait insignifiante, les efforts inutiles, et l'emblème indifférent. On peut dominer sans avoir ni justice, ni courage, ni maximes, mais lorsqu'on possède ces moyens on veut nécessairement dominer, ne fût-ce que dans l'intérêt de la cause.

Dominer est donc le terme, le fonds et le but des intentions virtuelles des partis vus collectivement, et jusque-là encore tout serait louable, et on se prêterait même à justifier les erreurs causées par un zèle ardent, comme on pardonne à l'animal domestique, qui, dans un conflit, blesse celui qu'il défend; mais il faudrait qu'il fût constant que l'intention de certains membres n'est pas de dominer et de prédominer sur certains points de convenance individuelle. Malheureusement la nature de l'homme qui fournit tous les éléments de la nature d'un parti, a créé ce penchant à la domination personnelle qui souille la pureté du plus beau motif. Dans des opérations dont le succès dépend d'une sagesse ennemie de l'ambition, chacun apporte sa suffisance, ses petites passions, le désir de dominer. Lorsqu'il faut inspirer l'admiration par des talents modestes, le respect par la dignité de la vertu, le calme par la modération, la confiance par l'abnégation de soi-même, on cède au penchant irrésistible, on montre l'orgueil, l'astuce, l'irritabilité ou l'envie. Alors, au lieu d'instruire, au lieu de faire goûter les charmes de la vérité, on parvient à peine à créer des illusions, on n'obtient que le mépris.

Cette soif de domination particulière à chaque membre d'un parti, ne pouvant se satisfaire que par le succès, c'est-à-dire, par la domination exclusive du parti, tous cherchent à accélérer ce succès suivant le mode de leurs affections déréglées : au lieu d'user d'une lenteur prudente et persuasive, ils veulent convaincre, ils veulent exiger une foi aveugle, ils tourmentent, ils menacent, et dans leur folle ardeur, ils frappent même ceux dont ils invoquent le suffrage ; alors les cœurs se ferment, la haine les repousse, et le peuple cherche un autre appui que la présomption fera tomber dans les mêmes fautes.

Cette fausse manœuvre vient de l'esprit de parti, de cet interêt personnel lié à un interêt collectif, de ce zèle outré sans direction méthodique, de ce mouvement simultané qu'aucune règle obligatoire ne régit. C'est parce qu'il est mu par cet esprit inconséquent, qu'un parti est prudent et modéré à son origine, avide et extravagant dans ses progrès, artificieux et souvent cruel dans ses moyens. Il professe la justice tant qu'il aspire, et il devient injuste dès qu'il parvient à la domination ; il promet tout pour s'attacher des prosélites, qu'il méprise dès qu'il a réussi ; il est actif en raison de sa faiblesse, violent en raison de la résistance qu'il éprouve, habile en raison des difficultés qu'il rencontre. Enfin un parti prend toutes les formes et se revêt de toutes les couleurs pour arriver à son but, qui est la domination, et il les dépouille souvent sans pudeur lorsqu'il y est parvenu.

L'esprit de parti inspire des craintes, sème la défiance, tronque les faits, masque la vérité, dissimule le bien, exagère les fautes, forge des inductions, fabrique l'imposture, publie des diatribes, décrédite la vertu, propage le scandale, caresse les penchants, aigrit les esprits, trompe la bonne foi, séduit le simple, égare le crédule, dirige le fanatique, improuve la modération, souffle l'irritation, stimule les ressentiments, dénature les sentiments d'honneur, interprète les serments, noue des brigues, corrompt des agents, suscite le mécontentement, provoque des mouvements populaires, incite à la sédition.

L'esprit de parti éveille l'attention publique, surveille les menées de la corruption et les projets séditieux, montre le revers des flatteuses apparences, cherche la version fidèle d'un acte dissimulé, atténue l'engouement, détaille les erreurs de l'impéritie, dénonce le crime, suit les progrès d'une tendance dangereuse, attaque les abus, contient les écarts, peint les traits du vice audacieux, déconcerte l'hypocrisie, dévoile les turpitudes, pénètre l'homme de son importance individuelle, inspire la dignité civile, déjoue l'artifice, prêche la résistance légale à l'oppression, rassure la timidité craintive, adoucit les peines infligées par l'iniquité puissante, offre un soutien contre les persécutions, dédommage des injustices populaires, relève le courage abattu, dispose à la fermeté, appelle la vindicte sur la prévarication, réprouve tout engagement dont l'objet est contraire aux lois constitutionnelles, sollicite des suffrages qui augmentent ses forces, s'impose des sacrifices pour attacher des talents à sa cause, cherche à intéresser l'opinion publique au succès de ses desseins, porte le peuple à prendre une contenance qui fasse respecter ses droits.

Enfin, l'esprit de parti fait le mal et le bien ; il imprime au corps politique ces mouvements coactifs qui témoignent l'énergie, l'ardeur, la puissance. Telles sont les passions chez les hommes ; elles se combattent, et leur mouvement balancé produit cet état de disposition impulsive, qui prouve des organes vigoureux ; la crainte s'oppose aux écarts de la témérité ; l'avarice combat la prodigalité ; l'orgueil dompte la luxure. Ainsi dans l'état social, les partis sont les contrepoids dont le parfait équilibre, vu dans l'inflexibilité des lois, s'appelle l'ordre.

On n'oserait affirmer que l'homme doit être enchaîné, parce que le jeu de ses passions peut être dangereux : oserait-on davantage décider que les partis doivent être comprimés, parce que l'esprit qui les anime n'est soumis à aucune règle positive ? Mais cette question n'est plus indécise depuis la promulgation de la Charte ; sous elle et par elle, l'action des partis est légitimée ; leur existence est un point de fait qui se prouve par le mouvement : déjà on aperçoit quelques bannières ; et fussent-elles plus nombreuses, il serait également facile de démontrer que tous les partis sont également nécessaires, essentiels, indispensables sous un régime constitutionnel.

La marche que ces partis vont suivre, est un objet d'intérêt pour tous : peut-être les destinées de notre patrie sont-elles liées au maintien qu'ils vont prendre dans les premiers chocs de la discussion. Espérons que leurs chefs, en s'imposant des devoirs, n'auront pas oublié que la modération exerce sur les esprits l'influence la moins passagère.

Le Parti *Ministériel*, confiant dans le respect attaché aux choix du Prince, dans les mesures prudentes qui ont ramené le calme, et dans des intentions pures, s'abstiendra de se présenter avec cet extérieur altier qui exige la considédération et prescrit la soumission. Le nom du Roi ne sera pas le bouclier des propositions ministérielles: l'urgence et la raison seront seules invoquées. Le doute modeste, soumettra les mesures dictées par la prévoyance; la conviction personnelle se montrera dans la chaleur du sentiment, et l'on n'apercevra pas cette acrimonie qui stigmatise le zèle et flétrit la résistance légale.

Le Parti *Constisutionnel*, pénétré du besoin de donner à l'opinion des règles de modération, ne s'abandonnera pas à un zèle imprudent; et, sans transiger avec ses principes, il n'arrachera rien du pouvoir par la menace implicite de retarder notre émancipation du joug étranger, en présentant à l'Europe le spectacle de divisions dont l'aigreur est un présage de trouble. Ce parti distinguera qu'il aura beaucoup fait pour l'avenir, s'il fonde aujourd'hui des principes de discussion qui n'offrent rien d'inquiétant à la multitude, encore effrayée par l'idée des révolutions. Il appréciera cette méthodique persévérance qui, en Angleterre, après des siècles, obtint seulement en 1791 la liberté de la presse, l'objet de ses vœux. Il concevra qu'en politique, la justice n'est que distributive et jamais absolue, jamais évidente, jamais dégagée d'incertitudes; qu'affirmer ce qu'un autre nie, ne prouve rien au-delà d'une contestation, dont la raison des âges est le seul arbitre ; que la conservation est un point principal dont l'amélioration n'est que l'accessoire ; qu'enfin il est maintenant moins essentiel de porter le peuple à vouloir, que de lui apprendre à raisonner ses volontés.

Le Parti *Libéral* abandonnera toutes celles de ses prétentions qui ne sont pas compatibles avec l'état monarchique tel qu'il est constitué ; il trouvera la liberté moins dans l'étendue des droits que dans l'observation des devoirs ; il épurera cette doctrine de la révolution, interprétée par l'extravagance, profanée par le crime, abhorrée par l'ami des priviléges, mais consacrée par la Charte. Un penchant trop prononcé pour le parfait idéal, deviendrait l'épouvantail derrière lequel l'arbitraire consoliderait sa domination ; l'exercice d'une liberté légalement circonscrite serait encore retardé, et peut-être de nouveaux coups d'état dissiperaient-ils l'espoir qui nous sourit. Nous avons commencé par où nous aurions dû finir ; nous avons eu la liberté sans en connaître les éléments : l'homme convoitait et arrachait la libre disposition de ses facultés avant d'avoir obtenu, par l'étude pratique, cet empire sur lui-même, qui constitue la liberté essentielle ; il dut ne montrer que des excès condamnables, et ce sont ces excès, cette dépravation d'idées qu'il faut réprimer avant de penser à un mieux problématique.

Le Parti *Royaliste*, satisfait de voir le Prince généralement révéré, ne créera pas un fantôme de majesté imaginaire, hors de la portée de nos sens, et dont notre esprit ne puisse saisir les traits. Défendre les prérogatives du trône, 'est une cause louable ; un généreux dévouement à la personne mérite des éloges : mais ce serait compromettre les prérogatives et la personne, ce serait préparer de nouvelles convulsions, que de séparer le Monarque des lois qu'il a données, et qui assurent sa puissance.

Le Parti des *Anciennes institutions* rappèlera ses aïeux, sans humilier nos contemporains. La vieille France offre des noms illustres, de glorieux souvenirs, qu'une tradition respectable peut célébrer avec l'effusion d'un sentiment qui sera partagé par tous les Français. Certaines institutions abattues, oubliées, peuvent encore être rétablies, même sous l'empire de la Charte ; en conserver la mémoire, en décrire le mérite, les présenter comme préférables à d'autres moins parfaites, n'est pas un sujet de blâme ; mais cette cause cesserait d'être louable si, en la soutenant, on laissait entrevoir l'espoir de recouvrer des prérogatives séparées d'un pouvoir légal, et des richesses perdues dans le gouffre ouvert et comblé par les événements.

Le Roi, seul hors de l'atteinte des lois, seul inviolable, sera la majesté représentative dans l'exercice du pouvoir, et le principe invisible de la sagesse dans les délibérations. Sa puissance, toute de raison, ne sera aperçue que par des émanations bienfaisantes. Il ne peut vouloir descendre de la région supérieure où l'a placé le besoin d'un Être essentiellement incorruptible, pour influencer le libre arbitre dispensé par sa sagesse, pour indiquer le point de raison dont il a autorisé la recherche, pour compromettre sa dignité suprême en se plaçant à côté d'hommes, tous égaux devant la loi, tous responsables de leurs actions devant la justice dont il est l'essence passive.

L'espérance de voir la bienséance, la modération, l'ordre, s'accorder avec l'agitation des Partis, n'est pas un vain désir formé par l'imagination. Pendant long-temps, sans doute, on a vu les partis se combattre avec acharnement, tourmenter l'Etat par leurs déplorables contentions, et passer tour-à-tour de la domination à l'échafaud : mais aujourd'hui nous voyons les Partis agir librement dans le cercle légal, un pouvoir ferme fait exécuter les lois, et le Monarque repousse toutes les considérations contraires au vœu public ou opposées à l'esprit de la Charte.

Traiter de la nécessité des partis politiques sous un régime constitutionnel ; expliquer leur nature, leur action, leur esprit ; démontrer que le mouvement d'opposition coactive n'est pas incompatible avec l'ordre ; c'est donc seulement représenter ce qui existe réellement, et ce qu'il est impossible de dissimuler. Peut-être aurait-on évité bien des maux si, plutôt, on avait fait connaître au public, et aux partis eux-mêmes, ce qu'était, ce que devait être un parti : une fausse intelligence d'un acte naturel n'aurait pas signalé comme ennemis du bien public, et rendu criminels par l'exaspération, des hommes dont le premier sentiment était l'amour de la patrie.

Autrefois l'exagération caractérisait les partis successivement dominants : la vengeance évoquait les mânes des victimes et demandait du sang pour expiation, l'égoïsme convoitait des ruines, on voulait tout abattre afin de tout recréer, on rappelait sans cesse des actions, des maximes propres à perpétuer les haines ; alors, sans doute, il fallait prêcher la doctrine d'exclusion, ou du moins y souscrire par le silence : mais à présent qu'un parti modéré exerce le pouvoir, et ne fait usage pour l'accomplissement de ses vues, comme parti, que d'une influence légiime, il doit être permis de rectifier des idées fausses,

e dissiper des craintes mal fondées, de parler
de tolérance réciproque, de disposer les esprits à bannir des discussions politiques cette
âpreté qui donne naissance aux divisions funestes,
et d'expliquer l'esprit des lois qui nous régis-
sent.

Sous un régime constitutionnel les hommes
ne sont que des abstractions ; le raisonnement
les comprend dans les choses, et les choses s'ap-
précient d'après leurs rapports avec l'intérêt
commun. Avec le droit de discussion, le suffrage public ne peut être la conséquence nécessaire de l'avènement ou de l'élection : une
confiance raisonnée remplace cette confiance
implicite, illimitée, absolue, fondée seulement
sur des noms, sur des droits d'attribution, ou
sur des actes antérieurs.

L'opinion exerçant une certaine influence sur
l'administration des affaires publiques, on l'é-
claire ; car l'ignorance où le peuple a été en-
tretenu par des chefs qui confondaient tous les
devoirs dans l'obéissance muette à des volontés
dont l'unique frein était l'improbation hiérarchi-
que, lui a donné un jugement faux sur tout ce
qui affecte l'intérêt personnel.

Le peuple ne peut recevoir des idées d'appré-
ciation spéculative, que par l'action des partis,
vue dans leurs discours, leurs écrits, leurs ac-

tes. Le pouvoir, vu dans l'autorité législative, administrative et judiciaire, établit les lois, et en poursuit l'exécution : les partis expliquent l'esprit de ces lois, instruisent l'individu des intérêts politiques auxquels il est lié, apprennent à remplir les devoirs sociaux, par un sentiment raisonné, et font aimer les institutions, la Patrie.

Pour que le peuple s'éclaire par une discussion méthodique et contradictoire sur les diverses manières de considérer l'intérêt public, il faut que l'existence des partis ne soit pas contestée, il faut qu'ils soient libres.

Ces propositions seront développées en traitant des cinq Partis qui paraissent aujourd'hui partager l'opinion. Peut-être les réflexions ne seront-elles pas toutes à l'abri d'une juste critique, mais on y distinguera certainement l'intention d'inspirer un profond respect pour le prince, la soumission aux lois, l'obéissance à l'autorité, et un sentiment épuré d'amour pour la Patrie.